がんばれ、アンズ！

鈴木博房　作
宮尾和孝　絵

けいさつ犬《けん》になった
トイプードル

岩崎書店

すてられた　子犬《こいぬ》

はるやすみの　土《ど》よう日《び》。
みなちゃんとさきちゃんが
どうぶつセンターの教室《きょうしつ》から
でてくると　男《おとこ》の人《ひと》の　声《こえ》がきこえた。
「この犬《いぬ》、もういりません！」
手《て》にもった　かごの中《なか》には、犬《いぬ》がいるらしい。
かかりの人《ひと》が　こまったかおをしている。

「ここで犬《いぬ》をうけとると　きょうか　あすには
ころすことに　なりますよ、いいんですか!?」
「いいですよ。だから、つれてきたんですから」

みなちゃんとさきちゃんは　びっくり。

「あのおじさん、犬《いぬ》を　すてにきたの？」

「そうみたいよ。ころされちゃうのに！」

ふたりは　近所《きんじょ》にすむ　小学二年生《しょうがくにねんせい》。

犬《いぬ》がだいすきで、小《ちい》さいときからの　なかよし。

そこへ、教室《きょうしつ》からでてきた　男《おとこ》の人《ひと》が　とおりかかった。

「あっ、さっき　はなしを　してくれた人《ひと》だ」

「すずきさん、だっけ？」

すずきさんは　かかりの人《ひと》に気《き》がついて、声《こえ》をかけた。

「どうしたんですか？」

「この人《ひと》が　この犬《いぬ》をいらないって……」

「いらないって、どういうことですか」

かかりの人《ひと》が　かごをゆびさした。

すずきさんは　かごの中《なか》を　見《み》ながらきいた。

「この犬《いぬ》、なんさいですか？」

「三《さん》カ月《げつ》ですよ」

男《おとこ》の人《ひと》は　めんどうくさそうに　いった。

「どうして、いらないいんですか」

「ほえて、うるさいんだ。いうことを　きかないし」

「でも、ここで　引《ひ》きとってもらったら、ころされちゃうんですよ」

「わかってますよ」

「よく、そんなことが　いえますね！」

すずきさんは　おこっている。

そして、空《そら》を見《み》あげて　いった。

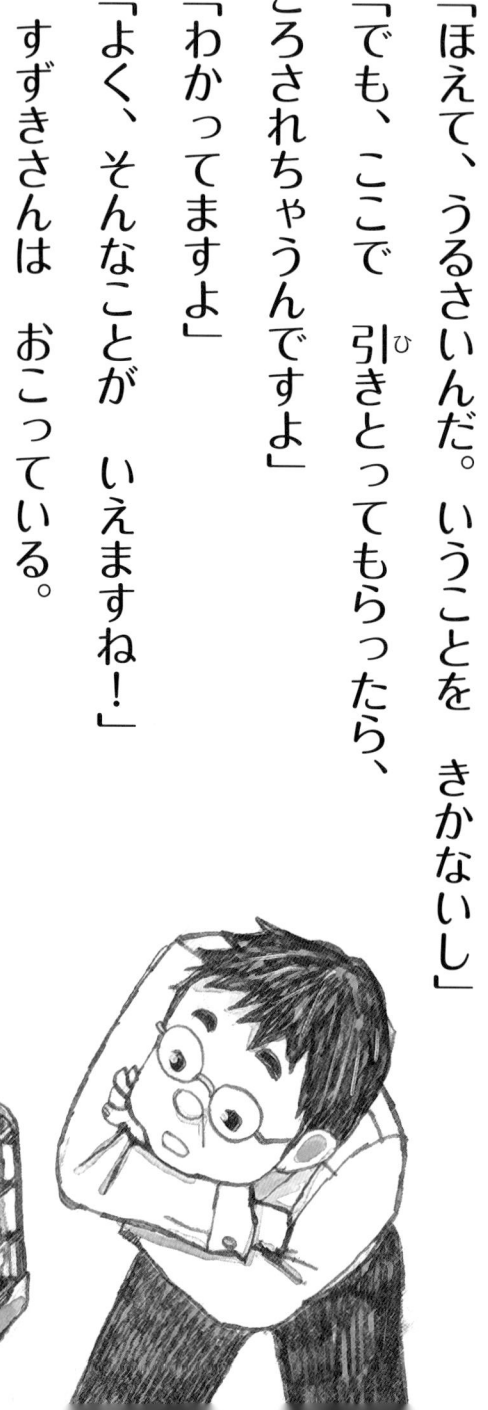

「わかりました。
わたしに　その犬《いぬ》をください！」
「ああ、どうぞ、いいですよ」
男《おとこ》の人《ひと》は車《くるま》から　犬《いぬ》のトイレやかごを　だしてきて、
すずきさんの前《まえ》におくと、そそくさと　かえっていった。
「すずきさん、だいじょうぶですか？　おうちには
けいさつ犬《けん》の　シェパードが　たくさんいるのに」
かかりの人《ひと》が　しんぱいそうにいった。

DOG
LOVE
FES

「だいじょうぶ。だれか
ほしい人《ひと》に　あげますから」
子犬《こいぬ》はぶるぶると　ふるえている。
みなちゃんが「トイプードルですか？」
と　きくと「そうだよ」といいながら、
だっこさせてくれた。
すずきさんは　こういった。
「犬《いぬ》のいのちを　なんだと思《おも》ってるんだ。さいごまで
めんどうをみるのが　かいぬしのやくめなのに」
そして、子犬《こいぬ》をかごにいれて　車《くるま》でかえっていった。

子犬《こいぬ》のあたらしい家《いえ》

「ただいま」とみなちゃんが　家《いえ》にかえると、おかあさんが
「どうぶつセンターは　どうだったの？」ときいてきた。
「それが『この犬《いぬ》、いりません』って、いう人《ひと》がきたんだよ。
びっくりしちゃった」
「そんな人《ひと》がいるの、
いやねえ、
ころされちゃうのに」

おかあさんも、おどろいている。

「それで、どうなったの？」

「犬《いぬ》のはなしを　してくれた　男《おとこ》の人《ひと》が　もらっていったよ」

「あの　すずきさん？」

「おかあさん、すずきさんのこと、知《し》ってるの？」

みなちゃんが　おどろくと、「シェパードをかっている人《ひと》で、となり町《まち》にいるのよ」とおしえてくれた。

すずきさんの家《いえ》には　シェパードが三頭《さんとう》もいて、
けいさつ犬《けん》として、かつやくしているのだそうだ。

「おかあさん。わたし、あの子犬《こいぬ》を　見《み》にいきたいんだけど」

つぎの日《ひ》、学校《がっこう》でみなちゃんがいった。

「さきちゃん、きのうの子犬《こいぬ》を　見《み》にいかない？」

日《にち》よう日《び》、ふたりは自転車《じてんしゃ》で　すずきさんの家《いえ》にむかった。

「あの家《いえ》みたいよ」

ふたりは　かどの家《いえ》の前《まえ》で　自転車《じてんしゃ》をとめた。

ウオーッ、ワンワン！

へいのむこうで　犬《いぬ》がほえた。

「うわー！」

ふたりが　びっくりしていると、
家《いえ》の中《なか》から　男《おとこ》の人《ひと》がでてきた。

「うるさいぞ、グリム」

「あっ、すずきさん。こんにちは、
東山小学校《ひがしやましょうがっこう》の小川《おがわ》みなです」

「山下《やました》さきです、こんにちは」

みなちゃんのおかあさんが、

すずきさんに
れんらくしてくれていたので、
すぐ　わかってくれた。
「子犬《こいぬ》を　見《み》たいそうだね。
どうぞ、入《はい》って」
　にわに　めんした
リビングには
大《おお》きな　まどがある。
　シェパードが三頭《さんとう》、
にわから　こっちを見《み》ている。

「見《み》られてるよ！　シェパードに！」
「すごく大《おお》きいね」

ふたりがシェパードに　おどろいていると、
すずきさんが　へやのすみから　かごをもってきた。
「あっ、子犬《こいぬ》だ！」
「うちにきたときは　あまりげんきが　なかったけれど、
今《いま》は　すっかり　げんきになったよ」
「よかったね、すずきさんちに　もらわれてきて」
さきちゃんが　子犬《こいぬ》の頭《あたま》を　なでながら　いった。

「いらっしゃい。子犬《こいぬ》を　見《み》にきたの？」

すずきさんのおくさんが　ジュースをもってきた。

キャンキャーン！

子犬《こいぬ》が　おおあわてで　かごの中《なか》ににげこんだ。

「あれれ、どうしたの！」

と　ふたりがおどろくと、すずきさんが
こまったかおをして　いった。

「前《まえ》のかいぬしに　いじめられて
いたみたいなんだ」

いじめられていた子犬《こいぬ》

すずきさんは、
こんな　はなしをしてくれた。
子犬《こいぬ》をつれて　かえった日《ひ》のことだ。
おくさんが「おかえりなさい。
かわいい子犬《こいぬ》ね、どうしたの？」と、
子犬《こいぬ》に手《て》をのばしたら、
子犬《こいぬ》がおおあわてで、にげようとしたそうだ。

「ハハーン」

すずきさんは　そのわけが　すぐにわかった。

「きっと前《まえ》のかいぬしの　おくさんに　いじめられていたんだろう。だから、女《おんな》の人《ひと》が　こわいのかも　しれないなあ」

そのはなしをきいて、ふたりは　おどろいた。

「それで　いらなくなって、すてにきたんですか！」

ちょうど　そのとき、まどから　ハエが一《いっ》ぴきへやに　入《はい》ってきた。

おくさんが
はえたたきを　ふりあげると、
子犬《こいぬ》が　すごいいきおいで
かごに　とびこんだ。
子犬《こいぬ》は　たたかれたことが
わすれられないのだ。
生《う》まれて、たった三《さん》カ月《げつ》なのに、
たくさん　たたかれていたなんて。

どんなに　つらかった　だろうか。
「どうやったら、女《おんな》の人《ひと》が　こわく　なくなるんですか」
さきちゃんが　きいた。
「たくさんの人《ひと》に　かわいがってもらって、人《ひと》はたたかないよ、
と　おしえてあげれば　だいじょうぶだよ」

四時《よじ》になった。かえる時間《じかん》だ。

「ありがとうございました。

また、きてもいいですか」

「いつでも　おいで」

みなちゃんがきいた。
「この子犬《こいぬ》、なんで　名前《なまえ》がないんですか」
「もらってくれた人《ひと》に　つけて
もらいたいから　それまで　名前《なまえ》はなし」

名前《なまえ》はアンズ！

ひと月後《つきご》の　日《にち》よう日《び》。ふたりが　すずきさんの家《いえ》にいくと、
「アンズ、お友《とも》だちがきてくれたよ」と、
すずきさんが　でてきた。

「え、アンズ？」

みなちゃんがおどろくと、すずきさんがいった。

「こんなに　女《おんな》の人《ひと》をこわがる犬《いぬ》を　ほしがる人《ひと》は
いないだろうから、うちで　かうことにしたんだ」

「アンズ！　いい名前《なまえ》ですね！」

すっかりシェパードと　なかよしのアンズ。
ごはんもいっしょ、さんぽもいっしょ。
シェパードのくんれんも
「いくのがあたりまえ」というかおをして　ついていく。

きょうも　近《ちか》くのこうえんに
くんれんにでかけた。
もちろん、アンズは見学《けんがく》だ。
「つぎはアミ！」
アミが名前《なまえ》をよばれると、なぜかアンズも
立《た》ちあがって、そわそわする。
まるで「わたしもやりたい」といっているようだ。

アミはベテランだから、なんでも　うまくできる。
「よし、アミ。いいぞ」すずきさんが　アミをほめる。
「クゥーン、ク～～ン」
「わたしもほめて」といっているように
アンズが　あまえた声《こえ》をだす。
犬《いぬ》はほめられるのが　だいすきだ。
「アンズもちょっと　やってみるか？」
すずきさんは　アンズも
ほめられたいのだろうと、
リードをゆるめた。

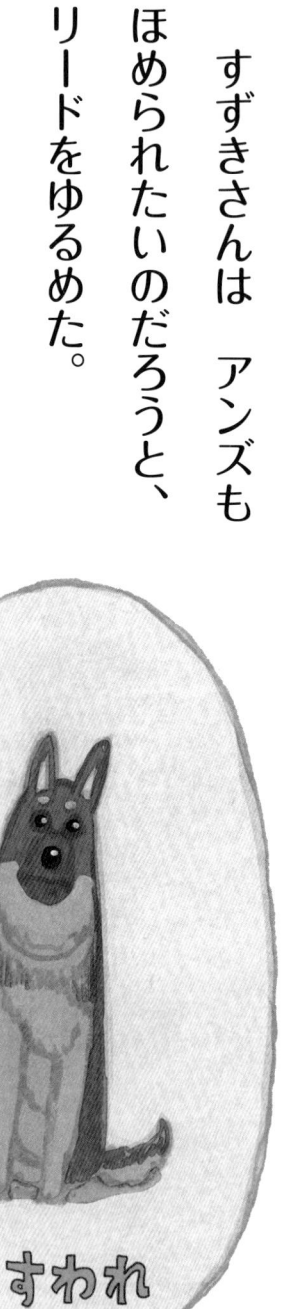

はじめての しけんに ちょうせん

すわれ（えいごでシット）
ふせ（えいごでダウン）
立《た》て（えいごでアップ）
まて（えいごでステイ）

すずきさんは　この四《よっ》つをアンズに　おしえることにした。
これができれば、いろんなことが　やりやすくなる。

くんれんは　まずアミが　お手本《てほん》を見《み》せてから、
アンズがまねをした。
アンズは　アミをじーっと見《み》ている。
すずきさんは　アンズのかおが
いつもと　ちがうことに　気《き》がついた。
すごく　しんけんなのだ。
だから、四《よっ》つの動作《どうさ》も　すぐおぼえた。

「そうだ、アンズ。
ためしに　かんたんなしけんを
うけてみようか。
おまえなら　できるかもしれない」

アンズ、一《いっ》さい二《に》カ月《げつ》。
はじめての　しけんだ。
かかりの人《ひと》のしじに
したがって　コースを　あるいたり、
走《はし》ったり　できるかをテストする。

アンズのばんに　なった。
「走《はし》れ！」
いいぞ、そのちょうしだ！
しけんを見《み》にきていた
ようちえんの　子《こ》どもたちが
おうえんしてくれると、アンズは
うれしそうに　そばにいって　しまった。
これは　げんてんだけど、
ほかは　よくできたので、
しけんは　ごうかく。

しけんを　見《み》ていた人《ひと》が
「この犬《いぬ》、ずっとシッポを　あげてましたね」といった。
犬《いぬ》は　いやなことを　やっているとき　シッポをさげる。
でも、アンズはシッポを　あげていた！

「けいさつ犬《けん》を
めざしてみたら、どうですか」
その人《ひと》は
まじめな　かおでいった。
「いやあ、こんな小《ちい》さな犬《いぬ》には
むりですよ」

すずきさんは
あいてに　しなかった。

くんれんの　まいにち

ほうかご、ふたりが
すずきさんの家《いえ》にいくと、
みんなで　くんれんに
でかけるところ　だった。
「くんれんに　いくんだけど、

見《み》にくるかい？」
「アンズはまた、
しけんを　うけるんですか」
「そうだよ、もくひょうが
あったほうが　くんれんも
やりがいが　あるだろう」
大《おお》きなこうえんに　ついた。
すぐに　くんれんが
はじまった。

「ほら、アンズ、このバーを　こえるんだよ」
五十《ごじっ》センチの　高《たか》さのバーを　とびこえる　くんれんだ。
でも、アンズはバーを
見《み》ようともしない。
「こまったな、
四十《よんじっ》センチに　さげよう。
やってごらん」
それでもアンズは　とぼうとしない。
「どうしたんだ？　そうだ、アミ、
お手本《てほん》を　見《み》せてあげてくれ」

アミが　かるがると
バーをこえた。
「よし、アミ、よくやった」
すずきさんはアミを
うんとほめて、おやつをあげた。
それを見《み》ていた　アンズが
立《た》ちあがった。
「おっ、やってみるかい！」
アンズが　バーの前《まえ》に立《た》った。
「よし、とべ！」

ぽーーん！
アンズが　かろやかに
バーをとびこえた。
「アンズ。できるじゃないか、
すごいぞ！」
すずきさんは　アンズを
うんとほめて、
ごほうびの　おやつをあげた。
アンズは　いつも
やる気《き》まんまんだ。

「くんれんに　いくぞ」と　車《くるま》のカギを　もつと
まっさきに　車《くるま》にのるのは　アンズだ。
二回目《にかいめ》のしけんは　八十三点《はちじゅうさんてん》で　ごうかくした。

女《おんな》の人《ひと》がこわい

きょうは土《ど》よう日《び》。
えき前《まえ》で　どうぶつのイベントがある。
すずきさんは『犬《いぬ》のかいかた』の
パンフレットを　くばるかかりだ。

すずきさんが　アンズをだいていると
小学生《しょうがくせい》の女《おんな》の子《こ》が　やってきた。
「だっこしてみる？」
すずきさんが　声《こえ》をかけると
女《おんな》の子《こ》は　こわごわと　手《て》をのばした。
アンズは　うれしそうに　シッポをふる。

そこに　みなちゃんたちも　やってきた。
「わーッ、アンズ！」
ふたりに　気《き》がついたアンズは　大《おお》きくシッポをふった。

おばあさんが　やってきた。
「あら、かわいい」と、アンズに　さわろうとすると、
アンズがブルブルと　ふるえた。
子《こ》どもは　だいじょうぶなのに……。
「アンズ、こわくないよ」
みなちゃんが　やさしく　アンズをなでた。

「いじめられて　いたことが　わすれられないんだなあ」
すずきさんが　かなしそうなかおをした。
「そういえば　いじめられて、
学校《がっこう》にこられない子がいるし……」
と　みなちゃんがいうと、
「いじめるなんて、
さいていだよ」
と　さきちゃんがおこった。
いじめのキズは　ふかくて、
なかなか　なおらない。

アンズのすごいやる気《き》

きょうは　シェパードの
ディーンの　くんれんの日《ひ》。アンズは
サッカーゴールに　つながれて　見学《けんがく》だ。
「よし、ディーン、うまいぞ」
すずきさんが　ディーンをほめる。
アンズより　わかいディーンは
アンズのライバルだ。

ディーンだけには　まけたくないと、いつもはりあっている。

「ワンワンワン！」

アンズが立《た》ちあがって　はげしくほえた。

「ははーん、アンズも　やってみたいんだな」

あまりにほえるので、ディーンと

おなじことを　やらせることにした。

「アンズ、足《あし》あとの　においを　さがすんだよ」

フゴフゴフゴ。

アンズは　二《に》、三《さん》ぽ、すすんだが、すぐに
においが　わからなくなってしまった。

「やっぱり　アンズには　むずかしいな」

すずきさんは　考《かんが》えた。

アンズはどうして、あんなに　ほえたんだろう。

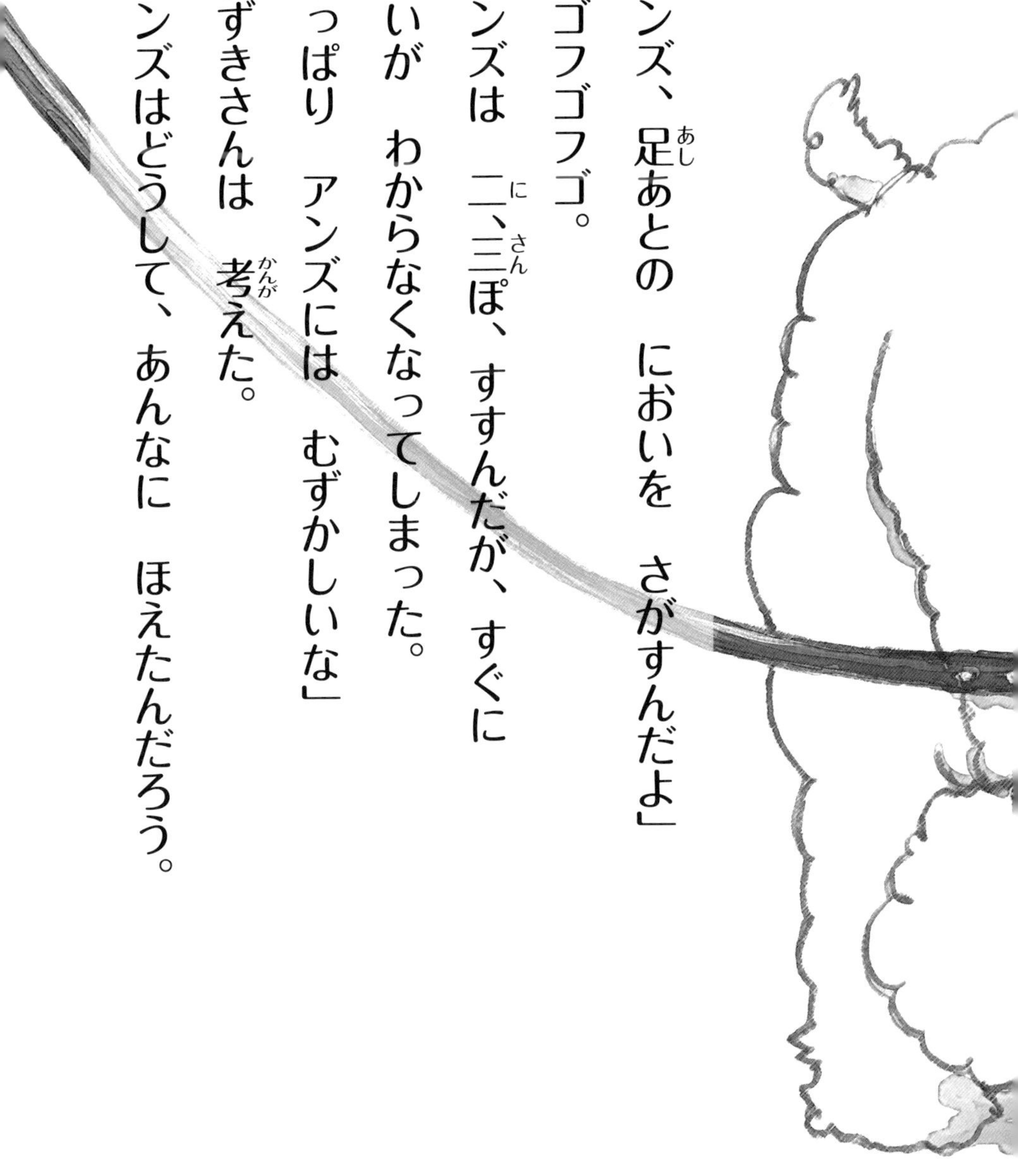

もしかしたら、シェパードのように
けいさつ犬《けん》に　なりたいのだろうか。
トイプードルが　けいさつ犬《けん》？　ありえないな。
でも、アンズのやる気《き》は　すごい。

アンズなら、できるような気《き》もする。
やってみようか。
それで　ダメだったら　あきらめればいい。
やらないで　あきらめるのは、
つまらない。

けいさつ犬《けん》になれるのは
シェパードや　ドーベルマンなどの
ゆうしゅうな　しゅるいの犬《いぬ》だけ。
しかもむずかしい　しけんに　ごうかくできた
すぐれた　のうりょくを　もった犬《いぬ》だ。
じけんがあれば、にげた人《ひと》のにおいを
どこまでも　おいかける。
犬《いぬ》たちは　人《ひと》のやくに立《た》ちたい　と思《おも》っている。
だから、夜中《よなか》でも、ふゆのさむいときでも、
まなつの　あついときでも　山道《やまみち》でも、川《かわ》の中《なか》でも、

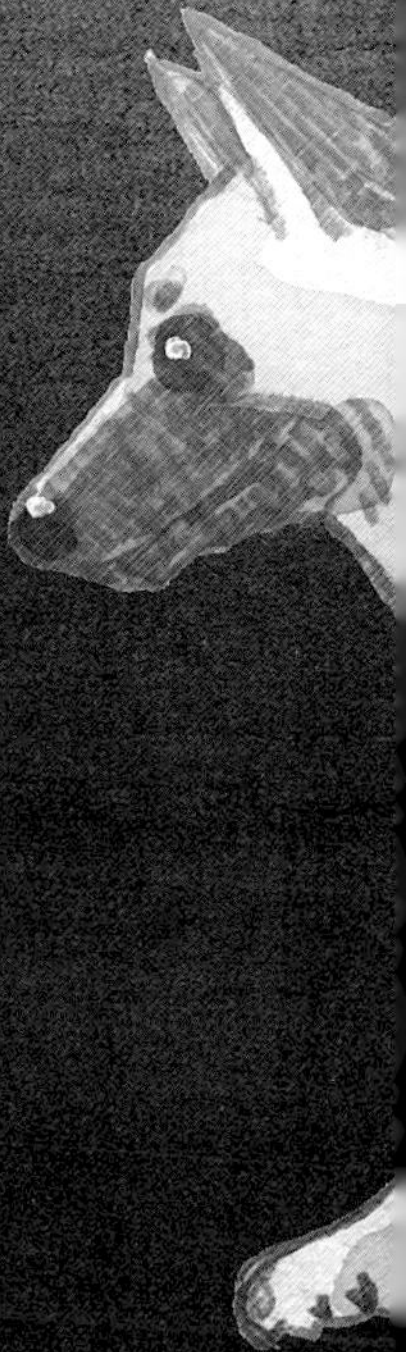

いつでも　どこででも　しごとをする。
ただただ　人《ひと》のために、へとへとになるまで　はたらく。
だから、けいさつ犬《けん》は　ながくは　生《い》きられない。
すずきさんは　そんな犬《いぬ》たちを　そんけいしている。

日《にち》よう日《び》、みなちゃんと　おにいちゃんが
かいもののかえりに　こうえんの
そばをとおると、シェパードと
アンズのすがたが　見《み》えた。
「おにいちゃん、あれがアンズだよ」

「あれぇ、ちっちゃな犬《いぬ》だな」
「でも、すごい　がんばりやなんだよ。
ちょっと　見《み》ていこうよ」
ふたりは　しずかに近《ちか》づいた。

シェパードのくんれんが　はじまったところだ。
おにいちゃんは　シェパードを　じっと見《み》ている。
「頭《あたま》がよさそうだなあ。足《あし》もはやいし、目《め》もするどい。
かっこいいなあ」
おにいちゃんは　犬《いぬ》をかいたいけれど、「じぶんで

せわが　できるようになったら」とおとうさんにいわれ、
がまんしていることを　みなちゃんは　思《おも》いだした。

にげろ、アンズ

すずきさんちに　やってきて一年半《いちねんはん》。
アンズは　きょうから　むずかしい　くんれんを
はじめることになった。
けいさつ犬《けん》の　しけんにある、においをおう　くんれんだ。
これは　シェパードでも　むずかしい。

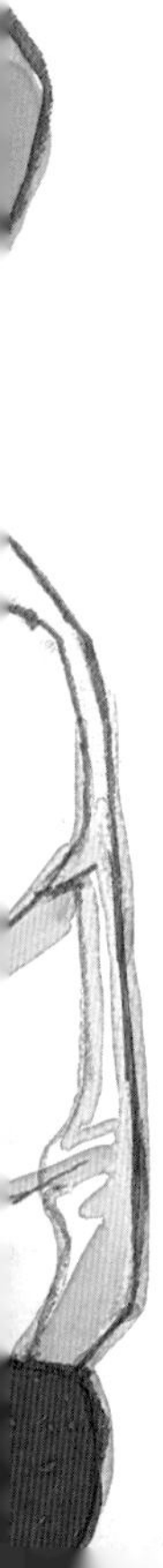

「アンズ、このぬのを
見《み》つけたら　すわるんだよ」
ぬのには　すずきさんの
においが　ついている。
それを　アンズのはなに　近《ちか》づけた。
くんくんくん、においをかぐアンズ。

すずきさんは　そのぬのをもって
足《あし》のにおいを　地《じ》めんにつけるように、
十《じゅう》メートルあるいて　コースを作《つく》り、ぬのをおいた。

そして、「アンズ、さがせ！」とめいれい。
アンズは地《じ》めんに　はなをこすりつけて、
足《あし》あとの　においを　おって
あるきはじめた。
フゴフゴフゴと　においを
かぐ音《おと》が　きこえてくる。
すごく　集中《しゅうちゅう》している。

ところが、あとすこし、というところで、とんできた
スズメに　気《き》をとられて、においが　わからなくなってしまった。
「アンズ、やりなおし！」
すずきさんは、もういちど、コースを作《つく》った。

「アンズ、さがせ！」

小《ちい》さい体《からだ》が　すこしずつ、ぬのに近《ちか》づいた。

そして、すわった。できた！

ぬのの前《まえ》で　すわるのは　それがしょうこ品《ひん》
かもしれないので、さわっては　いけないからだ。

夕方《ゆうがた》、すずきさんは
いつもの運動場《うんどうじょう》へでかけた。
アンズの　おともはグリムだ。
「アンズ、においをさがせ！」
アンズがスタートした！　フゴフゴフゴ。
夕《ゆう》やけで　赤《あか》くなった空《そら》が　ひろがる。
風《かぜ》がさあっと　ふいてきた。

ウォンウォンウォーン‼
とつぜん、グリムがはげしくほえた。

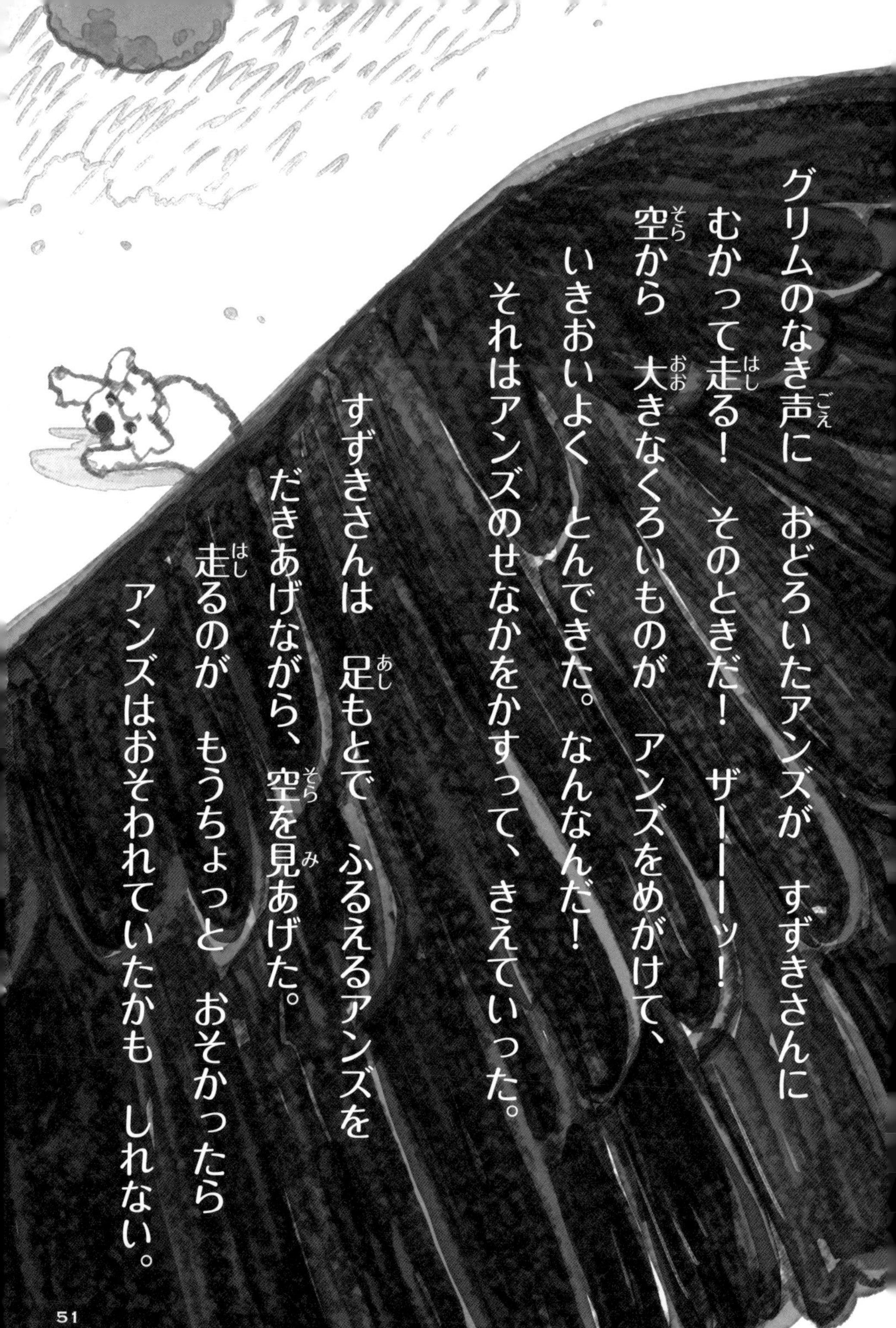

グリムのなき声《ごえ》に　おどろいたアンズが　すずきさんに
むかって走《はし》る！　そのときだ！　ザーーーッ！
空《そら》から　大《おお》きなくろいものが　アンズをめがけて、
いきおいよく　とんできた。なんなんだ！
それはアンズのせなかをかすって、きえていった。

すずきさんは　足《あし》もとで　ふるえるアンズを
だきあげながら、空《そら》を見《み》あげた。
走《はし》るのが　もうちょっと　おそかったら
アンズはおそわれていたかも　しれない。

「だいじょうぶですかー」
男《おとこ》の人《ひと》が　かけよってきた。
「あぶなかったですね！
あれはオオタカです。
その小《ちい》さな犬《いぬ》が　のうさぎに
見《み》えて　おそったんですね」
アンズは小《ちい》さいので、
草《くさ》の中《なか》で　ぴょんぴょんと

はねていると　まるで　うさぎのようだ。
オオタカが　まちがえるのも　むりはない。
「それにしても
そのシェパード、おりこうですね。
ほえて、きけんを　おしえましたね」
アンズは　グリムに
たすけられた。

つぎの　しけんに　ちょうせん

きょうは　アンズの　しけんの日《ひ》。
「アンズ、がんばっておいで」
朝《あさ》、おくさんが
ていねいに　ブラッシングをして、
アンズを　おくりだしてくれた。

しんさいんに「トイプードルなのに、よくやりますね」と

ほめてもらい、七十点《ななじってん》で　ごうかくした。

その　すこしあとに、
茨城県《いばらきけん》の　けいさつ犬《けん》の　きまりが　かわった。
アンズのような　小《ちい》さな犬《いぬ》も
しけんが　うけられるように　なったのだ。
「うちのアンズも　うけさせてみようかな」
すずきさんが　知《し》りあいにいうと、その人《ひと》はこういった。
「トイプードルには　むりですよ。茨城県《いばらきけん》のしけんは
シェパードにも　むずかしいんですから」

でも、すずきさんのきもちは　きまっていた。
だれに　なんといわれても　いい。
アンズに　けいさつ犬《けん》のしけんを　うけさせる。
やる気《き》のあるアンズなら、きっとできる！

すずきさんは　くんれんのほうほうを　くふうした。
むずかしい　くんれんでは、アンズがすきな
フライドチキンや　魚肉《ぎょにく》ソーセージを　つかった。
「ほら、アンズ。フライドチキンの　においを　おいかけろ」
アンズは　うれしそうに、

フライドチキンの
においを　おいかけた。
　こうしてアンズの
やる気《き》を　おこさせながら、
どんどん　むずかしいことに
ちょうせんさせた。
　アンズは　一《いっ》さい十《じっ》カ月《げつ》になった。
「シェパードたちも　まけられないわね」
　アンズの　がんばるすがたに
おくさんも　目《め》をほそめた。

けいさつ犬《けん》のしけん

十月三十日《じゅうがつさんじゅうにち》、しけんの日《ひ》だ。
空《そら》は高《たか》く　すみきっている。
日《ひ》ざしが　まぶしいくらいに　いい天気《てんき》だ。
会場《かいじょう》は　かせんじきの運動場《うんどうじょう》。
みなちゃんたちも　よくあそびにいくところだ。
「おはよう、なんだか　ドキドキするね」

ふたりが土手《どて》に立《た》って、アンズをさがしていると、
みなちゃんのおにいちゃんが　やってきた。
「おっ、ここにいたのか。アンズはどこ？」

会場《かいじょう》には　大《おお》きい犬《いぬ》がたくさんいる。
「いたいた、あそこだ！」
すこし　はなれた土手《どて》の上《うえ》に
グリムやアミたちのベテランと
わかいディーンにまじって　アンズがいた。
「すずきさーん！　おはようございます」

三人《さんにん》は　かけよって　いった。
「おはよう。
みんなで　きてくれたんだ。
アンズの　じゅんばんが
うしろのほうなんだ。
きょうは　ごうかく
できないかも　しれないなあ」
　すずきさんは
ざんねんそうに　いった。

うしろのほうだと、
地《じ》めんに　たくさんの
犬《いぬ》のにおいが
ついてしまって、
やりにくいのだそうだ。

きょうは
四十六頭《よんじゅうろくとう》の犬《いぬ》が
しけんをうける。
そのうち　こがた犬《けん》は
たったの三頭《さんとう》だ。

十時《じゅうじ》。しけんが　はじまった。
しけんは　コースにおかれた
三《みっ》つのものを　きめられた時間《じかん》で
さがすというもの。
午前中《ごぜんちゅう》にしけんをうけた
グリムとアミは、かんたんにクリア。
さすがベテラン、どうどうとしている。

午後《ごご》になった。
いよいよ　アンズのばんだ。

日《ひ》ざしが　強《つよ》くなってきた。
「アンズ、うまくできるかな」
みなちゃんが　しんぱいそうに
いうと、おにいちゃんがいった。
「アンズはだいじょうぶ。
すずきさんと　いっしょに
あんなにがんばって
くんれんして　きたんだから」

アンズの　ばんになった。

「さあ、アンズ、いこう！」
すずきさんが　アンズに
声《こえ》をかけて、しんさいんの
前《まえ》まで　あるいた。
そして、大《おお》きな声《こえ》で　いった。
「犬名《けんめい》　アンズ
しどうし　すずき」

かかりの人《ひと》が、白《しろ》いぬのに
じぶんの手《て》の　においをつけて、

アンズの前《まえ》においた。

そして、あるいて　コースを作《つく》りはじめた。

小《ちい》さな犬《いぬ》があらわれたので、みんなびっくり。


「あの小《ちい》さな犬《いぬ》は　なんだ？」

「トイプーに　できるの？」

みんなの目《め》が　アンズに　あつまった。

アンズは　スタートのあいずが　でるのをまって、
すずきさんを　じっと見《み》ている。

はたが　あがった！
スタートだ！

「アンズ、さがせ！」
すずきさんの　大《おお》きな声《こえ》が　会場《かいじょう》にひびいた。
アンズは　ぬのの　においをかいだ。
そして、そのまま　地《じ》めんにはなを
こすりつけるようにして　あるきだした。

一《いっ》ぽ一《いっ》ぽ、すすむ。いい足《あし》どりだ。

「あれぇ、トイプー、できるんだ！」
「まぐれだよ。そのうち
できなくなる　はずだよ」
会場《かいじょう》にいる人《ひと》は　だれも、
トイプードルに　できるとは
思《おも》っていない。
　それどころか、
いつあきらめるか、
まっているようだ。

しばらくいくと、
高《たか》いだんさが　あった。
シェパードには　かんたんだけど、
アンズには　かべのように
見《み》えるくらい　高《たか》い。
でも、　ピョーンと
ジャンプして　クリア。
どんなところでも、
できるように　くりかえして
くんれんしてきたから

アンズは　じしんをもって
前《まえ》へすすめる。
「あれえ、トイプー、
がんばってるじゃないか」
「おっ、よくやるなあ」
見《み》ている人《ひと》たちが
おどろきだした。
アンズは　草《くさ》のしゃめんを
ささっとのぼって
土手《どて》の上《うえ》で　すわった。

そこには　ぬのがある。
すずきさんが　走《はし》って、
アンズの　そばへいった。
大《おお》きな声《こえ》で「みつけました」といった。
そして、ぬのをたかくあげて、しんさいんに　見《み》せた。

また　アンズに「さがせ」と　めいれいした。

「おいおい、発見《はっけん》できたよ！　ぐうぜんじゃないか？」
また、そんな声《こえ》が　きこえてきた。

つぎは　このしけんで
いちばん　むずかしいコースだ。
アンズは　また、あるきはじめた。
ん？　どうした、アンズ。
ピタッと　とまってしまったのだ。
においが　わからなくなって　しまったようで、

くびを　右《みぎ》に左《ひだり》に　うごかし、
においを　さがしている。
「もうだめだ、やっぱり
むりなんだよ、トイプーには」
まわりが　ざわざわしてきた。

アンズは　においが
わからなくなったところを　中心《ちゅうしん》に
円《えん》をえがくように　まわっている。
ぐるぐるぐるぐるぐる。

いったり、きたり。
いっしょうけんめい
においを
さがしている。
フゴフゴフゴフゴ、
においは　どこだ？
「トイプー、
もうおしまいだ」と
いう人《ひと》も　いたけれど、
「がんばって！」と　いう人《ひと》もいた。

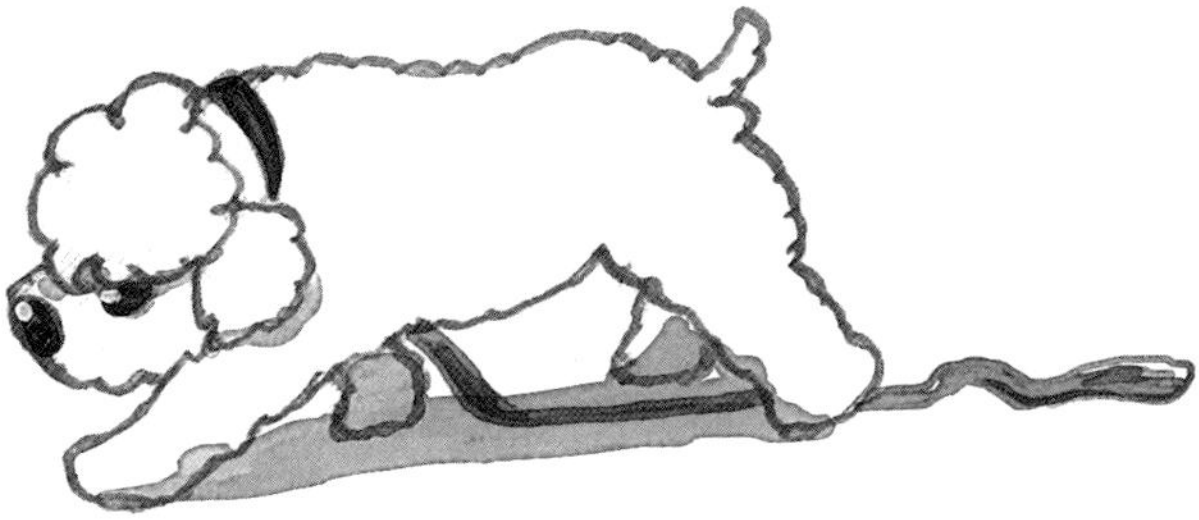

どれだけ　時間《じかん》が　たったただろうか、
アンズが、また　あるきだした。
においが　見《み》つかったのだ！

「がんばれ、トイプー！」
はくしゅして、おうえんしてくれる人《ひと》が　ふえてきた。
ところが　こんどは
うしろ足《あし》に　かれ草《くさ》が
からまって、
あるきにくそうだ。

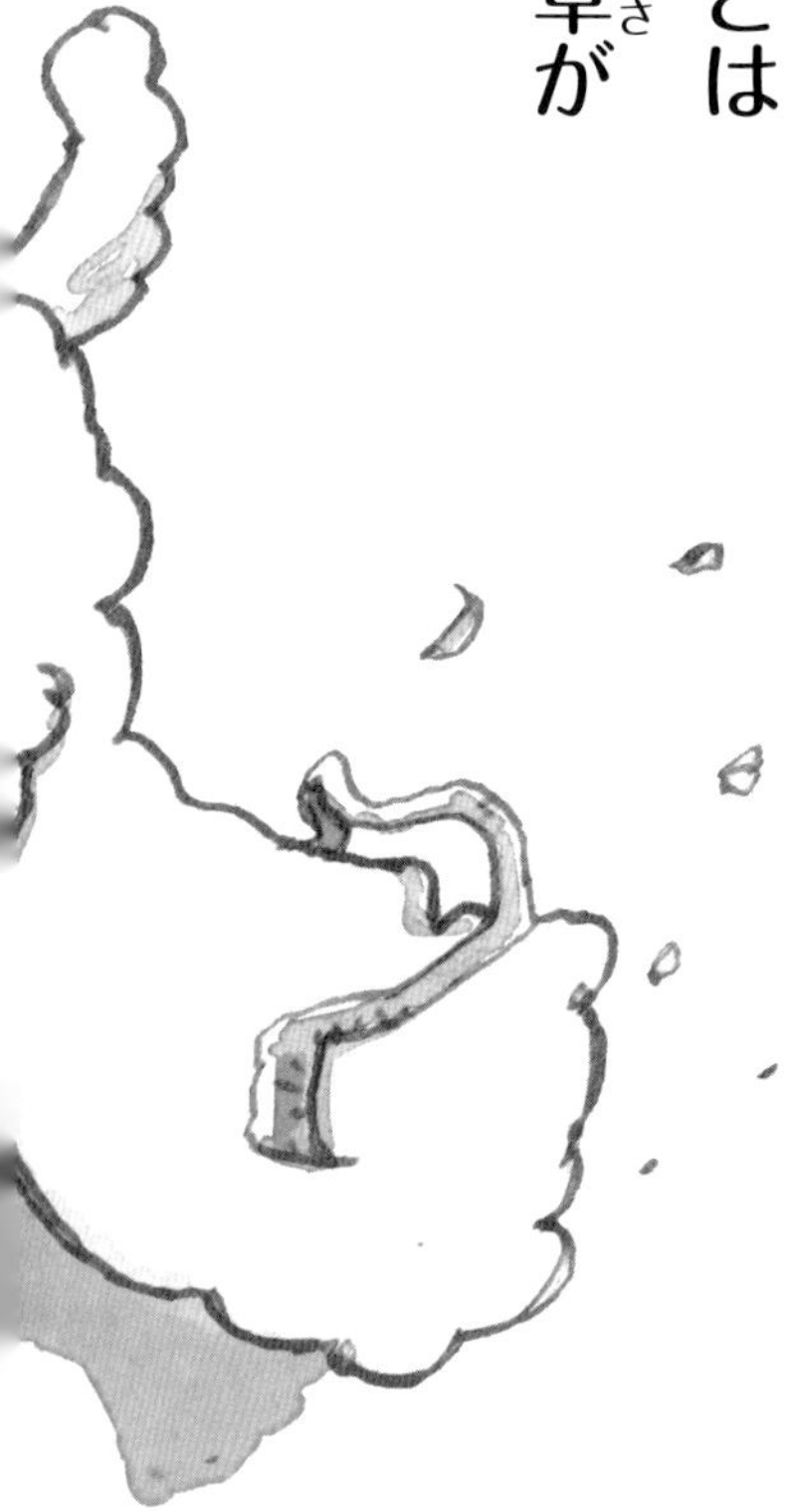

でも、アンズは
立《た》ちどまらない。
足《あし》をふりながら、
どんどん前《まえ》へ　すすんだ。
しばらくして、やっと
かれ草《くさ》を　ふりはらった。
そして、ふうとうの前《まえ》で　すわった。

あとは　三《みっ》つ目《め》のわりばしを　さがすだけだ。
会場《かいじょう》が　しずかになった。

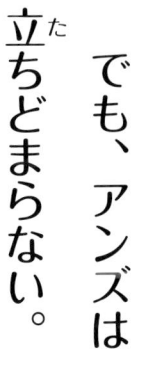

ちゃかす人《ひと》は　もう　いない。
「あー、見《み》てられないよ。
がんばってよ、アンズ」
三人《さんにん》は　ドキドキしながら
おうえんした。
たいようが　ジリジリと
てりつける。
アンズは　会場《かいじょう》のざわめきも
気《き》にならないようだ。
どんどんすすんで、

わりばしの前《まえ》で　すわった。
すずきさんは　わりばしを
たかくあげて、
今《いま》までで
いちばん
大《おお》きな声《こえ》で　いった。
「見《み》つけました！」
「よくやった！　小《ち》さいのに　えらいぞ！」
見《み》ていた人《ひと》たちが
大《おお》きな　はくしゅをしてくれた。

「ありがとうございました」
すずきさんは
しんさいんに　頭《あたま》をさげた。

「アンズー！」と、
三人《さんにん》が　かけよった。
「がんばったね！」というと、
アンズは「ちゃんと
できたでしょ」と
いいたそうな　かおをした。

おにいちゃんが　すずきさんと　はなしている。
「犬《いぬ》って、すごいですね」
犬《いぬ》のがんばるすがたに　感動《かんどう》したようだ。
「くんれんは　たいへんだけど、
犬《いぬ》はがんばって　くれるから
とても　やりがいがあるよ」
すずきさんは
犬《いぬ》をなでながら　いった。
家《いえ》にかえって、おにいちゃんは
おとうさんにいった。

「犬《いぬ》たち、すごかったよ。ぼくも　いつか、犬《いぬ》をかいたいなあ。

そして、けいさつ犬《けん》を　そだててみたい」

みなちゃんは　おどろいた。

「おにいちゃんが　そんなこと　考《かんが》えていたなんて　びっくり」

ごうかくした！

しけんから　一《いっ》カ月半《げつはん》がすぎた。
すずきさんの家《いえ》に　ゆうびんが　とどいた。
中《なか》には　ごうかくした犬《いぬ》の　名前《なまえ》が入《はい》っている。

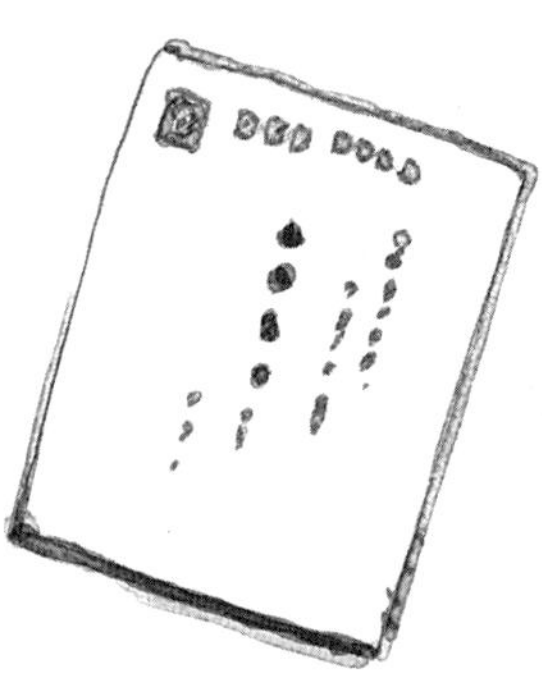

「あった、あった！　アンズの名前《なまえ》が　あった！」
すずきさんの家《いえ》の犬《いぬ》はすべて、ごうかくした。
「アンズ、おめでとう。こんな
小《ちい》さい犬《いぬ》が　けいさつ犬《けん》だなんて、
みんな　おどろいちゃうね」
　アンズをだっこした
おくさんは　うれしくて、
なみだで　声《こえ》にならない。
「そうだ、アンズに　けいさつ犬《けん》の
せいふくを　作《つく》ってあげようね。

せいふくを　きてないと、
けいさつ犬《けん》だと　思《おも》ってもらえないからね」

二〇一六年一月《にせんじゅうろくねんいちがつ》、けいさつ犬《けん》のメダルを　もらう式《しき》に、
アンズは　せいふくをきて　でた。
「アンズ、きょうから
けいさつ犬《けん》だ。くんれんも
きびしくなるよ」
すずきさんが
アンズにいった。

体《からだ》は小《ちい》さいけれど、ゆうきがあって、
がんばりやのアンズ。
けいさつ犬《けん》に　なって
からは　ますます
やる気《き》まんまんだ。
じけんがあると、
「いきたい、
つれてって！」とおおさわぎ。
このあいだ、おばあさんが
ゆくえふめいに　なったときは

アンズが　かつやくした。ビニールハウスの中《なか》で　ねている
おばあさんを　さがしだしたのだ。
「小《ちい》さいのに、よくやりますね」
けいさつかんが　アンズを　ほめてくれた。
シェパードのように　体力《たいりょく》がないので、山道《やまみち》をあるくのは
にがてだ。でも、ショッピングモールや　えきなど、
人《ひと》がたくさん　いるところでは、めだたなくていい、と
小《ちい》さな犬《いぬ》の　いいところを　みんながわかってきた。

いちどは　ころされそうになった　アンズだけど、

がんばって、じぶんの道《みち》を　きりひらいてきた。
さいきんでは、そのかつやくが
みとめられて、こういうでんわが
かかってくるようになった。
「今回《こんかい》はトイプードルを
おねがいします」
「アンズのことですか？
わかりました」
アンズ、出動《しゅつどう》だ！
きょうも　がんばっていこう！

アンズについて

いちどはころされそうになったアンズが、けいさつ犬《けん》になるまでの物語《ものがたり》。

これは、ほんとうにあったおはなしです。

犬《いぬ》は人《ひと》のことばも、人《ひと》のきもちもわかります。ころされるかもしれないと思《おも》ったとき、どんなにこわかったことか。そのときのアンズのきもちを思《おも》うと、いたたまれなくなります。だから、わが家《や》にきたとき、ホッとしたことでしょう。シェパードたちが、まるで家族《かぞく》のようにアンズをむかえたのですから。

大《おお》きいシェパードたちの中《なか》で、小《ちい》さなアンズがやっていけるのかと心配《しんぱい》でしたが、運動《うんどう》しんけいはい

ジャンプ！　げんきいっぱいです

三頭《さんとう》のシェパードたちと

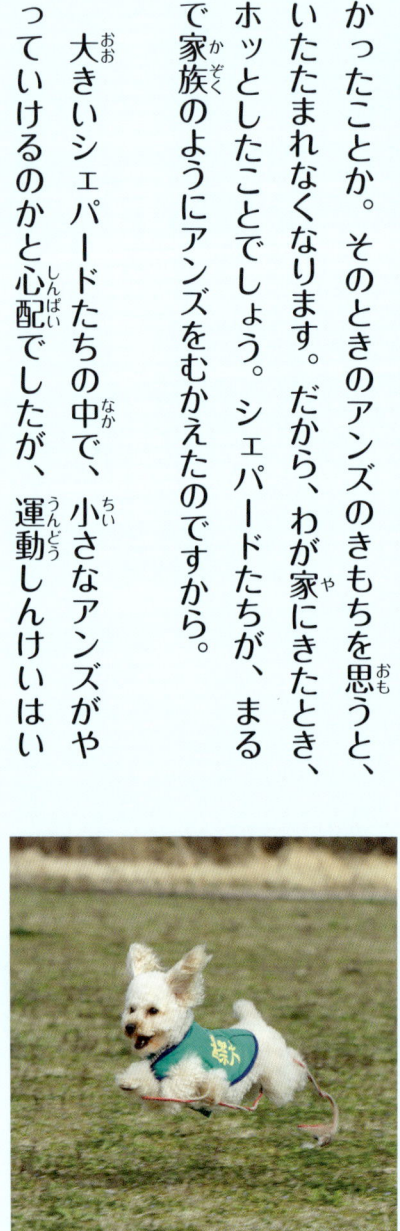

いし、頭《あたま》もいい、まけん気《き》も強《つよ》いのでだいじょうぶでした。わたしはこの小《ちい》さい体《からだ》のどこに、こんなにやる気《き》があるのだろうとおどろきました。

いじめのキズは、今《いま》でも深《ふか》くのこっています。女《おんな》の人《ひと》を見《み》ると、ふるえます。手《て》をふりあげると、ひめいをあげてにげます。でも、アンズは今《いま》、それをすこしずつこくふくし、けいさつ犬《けん》としてがんばっています。子《こ》どもがうまれ、その子犬《こいぬ》もけいさつ犬《けん》をめざして、くんれんをがんばっていますよ。

人《ひと》にころされそうになったことがあるのに、けいさつ犬《けん》として人《ひと》のためにはたらくアンズ。

この本《ほん》が、犬《いぬ》のいのちやいじめについて考《かんが》えるきっかけになってくれれば、と思《おも》います。

鈴《すず》木《き》博房《ひろふさ》

すずきさんとアンズ

くんれん中《ちゅう》のアンズとすずきさん

86 ページの左と 87 ページの左の写真・撮影／小林キユウ

鈴木博房
（すずき・ひろふさ）

警察犬指導士・茨城県動物愛護推進員。警察犬指導士歴33年のベテラン。現在までに11頭のシェパードと1頭のトイプードルを警察犬に育てている。

宮尾和孝
（みやお・かずたか）

イラストレーター。児童書や雑誌などで活躍。『教室に幽霊がいる!?』『流れ星キャンプ』など作品多数。

がんばれ、アンズ！
けいさつ犬になったトイプードル

2018年11月30日　第1刷発行
2019年 4 月30日　第2刷発行

著者 ――――― 鈴木博房
イラスト ――― 宮尾和孝
デザイン ――― 鈴木佳代子
発行者 ―――― 岩崎弘明
編集 ――――― 田辺三恵
発行所 ―――― 株式会社　岩崎書店
〒112-0005　東京都文京区水道1-9-2
電話　03-3812-9131［営業］
03-3813-5526［編集］
振替　00170-5-96822
印刷所 ―――― 株式会社光陽メディア
製本所 ―――― 株式会社若林製本工場

ISBN978-4-265-84016-8　NDC916

岩崎書店ホームページ　http://www.iwasakishoten.co.jp
ご意見をお寄せください　info@iwasakishoten.co.jp
乱丁本・落丁本はお取り替えします